CATALOGUE

DE

TABLEAUX

ANCIENS ET MODERNES,

ESQUISSES, ÉBAUCHES, ÉTUDES,

DESSINS ANCIENS ET MODERNES,

PAR DES MAITRES DE TOUTES LES ÉCOLES,

Gravures d'Artistes, Recueils, Livres à Figures et sur les Arts, Boîtes à Couleurs, Mannequins et Ustensiles de Peintre

qui composaient le Cabinet et l'Atelier de M. **ROUILLARD,**

Chevalier de la Légion-d'Honneur et Peintre d'Histoire.

DONT LA VENTE SE FERA POUR CAUSE DE SON DÉCÈS,

LE LUNDI **21 FÉVRIER 1853,** ET LES TROIS JOURS SUIVANTS,

HEURE DE MIDI,

HOTEL DES VENTES,

RUE DES JEUNEURS, 42,

Salle n. 3,

Par le ministère de Me **BONNEFONS DE LAVIALLE,**

Commissaire-Priseur, rue de Choiseul, 11,

Assisté de M. **DEFER,** Expert, quai Voltaire, 21,

Chez lesquels se distribue le présent Catalogue.

EXPOSITION PUBLIQUE

Le Dimanche 20 Février 1853, de midi à quatre heures.

———o⊙o———

PARIS

MAULDE ET RENOU,

IMPRIMEURS DE LA COMPAGNIE DES COMMISSAIRES-PRISEURS,

Rue de Rivoli prolongée.

1853

7611

CATALOGUE

DE

TABLEAUX

ANCIENS ET MODERNES,

ESQUISSES, ÉBAUCHES, ÉTUDES,

DESSINS ANCIENS ET MODERNES,

PAR DES MAITRES DE TOUTES LES ÉCOLES,

Gravures d'Artistes, Recueils, Livres à Figures et sur les Arts, Boîtes à Couleurs, Mannequins et Ustensiles de Peintre

qui composaient le Cabinet et l'Atelier de M. **ROUILLARD**

Chevalier de la Légion-d'Honneur et Peintre d'Histoire,

DONT LA VENTE SE FERA POUR CAUSE DE SON DÉCÈS,

LE LUNDI **21** FÉVRIER **1853**, ET LES TROIS JOURS SUIVANTS,

HEURE DE MIDI,

HOTEL DES VENTES,

RUE DES JEUNEURS, 42,

Salle n. 3,

Par le ministère de Mᵉ **BONNEFONS DE LAVIALLE**,

Commissaire-Priseur, rue de Choiseul, 11,

Assisté de M. **DEFER**, Expert, quai Voltaire, 21,

Chez lesquels se distribue le présent Catalogue.

EXPOSITION PUBLIQUE

Le Dimanche 20 Février 1853, de midi à quatre heures.

PARIS

MAULDE ET RENOU,

IMPRIMEURS DE LA COMPAGNIE DES COMMISSAIRES-PRISEURS,

Rue de Rivoli prolongée.

1852

ORDRE DES VACATIONS.

Première Vacation. — Lundi 21 février.

Esquisses et ébauche, du n° 168 à 180.
Tableaux de M. Rouillard, du n° 1 à 11.
Miniatures de Mme Rouillard, nos 25 et 26 — 198 à 200.
Tableaux italiens, flamands, hollandais, nos 27 à 104.

Deuxième Vacation. — Mardi 22 février.

Esquisses et ébauches, nos 181 à 197.
Dessins de M. Rouillard, nos 12 à 24.
Tableaux de l'École française, nos 110 à 167.
École anglaise, nos 105 à 109.
Ustensiles d'atelier, 406 à 421.

Troisième Vacation. — Mercredi 23 février.

Estampes des maîtres italiens, flamands et hollandais,
    nos 256 à 288.
Dessins des diverses écoles, nos 201 à 255.

Quatrième Vacation. — Jeudi 24 février.

Lithographies, nos 345 à 360.
Estampes, nos 289 à 344.
Livres à figures et sur les arts et les livres de la
    bibliothèque, nos 361 à 405.

CONDITIONS DE LA VENTE.

Elle sera faite au comptant.

Les acquéreurs paieront cinq pour cent en sus des adjudications.

DÉSIGNATION

DES TABLEAUX

1 — ROUILLARD (d'après Fragonard, par M.).
Trois enfants couronnés de fleurs. Le
tableau original appartient à M. *Marcile*.

2 — Jeune fille à mi-corps, le sein découvert.
Etude par *M. Rouillard*.

3 — Portrait du duc de Richelieu, d'après Laurence.

4 — Portrait du général Bonaparte. Ebauche.

5 — Portrait du général Dumouriez. Ebauche.

6 — Portrait de Murat, d'après Gros. Esquisse.

7 — Portrait du maréchal Soult. Ebauche.

    M. Rouillard a exécuté le portrait du maréchal Soult
en pied pour la salle des maréchaux, au palais des Tuileries.

8 — Tête de modèle et tête de femme. Etudes.

9 — Deux têtes d'études : pêcheur napolitain et
jeune homme flamand.

10 — Jeune femme tenant une rose.

11 — Plusieurs ébauches et études de portrait de divers personnages seront vendues sous ce numéro.

DESSINS DE M. ROUILLARD.

12 — Palais vénitien. Aquarelle d'après un tableau de Canaletti.

13 — Aquarelle d'après un tableau de Santerre, du cabinet de M. le docteur Guérard.

14 — Portrait de mademoiselle Sallé, Dangerville, Raynal, Chardin, etc. Huit pastels d'après Latour, Reynolds, etc.
Cet article sera divisé.

15 — Études de paysages, sujets, costumes, d'après divers maîtres anciens et modernes. 180 dessins au crayon, à la plume et à l'aquarelle, dans 1 vol. in-fol. cart.

16 — Études de ciel et de paysages d'après nature, à la plume, au crayon, au pastel. 162 pièces.

17 — Croquis et études de figures, de paysages. Trente-quatre dessins lavés à l'encre de Chine, à la sépia, à l'aquarelle.

18 — Quarante-huit dessins d'après divers maîtres : études de paysages.

19 — Intérieur d'après Bouton, Arabe attaqué par une hyène, d'après Delacroix. Deux dessins par M. Rouillard.

20 — Une fleur, aquarelle.

21 — Onze croquis, sujets divers.

22 — Deux portefeuilles : études, croquis, divers dessins à l'encre de Chine, dont plusieurs portraits d'après Reynolds.

23 — Quatre-vingts croquis.

24 — Une boîte contenant une grande quantité de croquis, de calques, etc.

MINIATURES PAR Mme ROUILLARD.

25 — Portrait de M. de Villèle, ancien ministre sous Charles X. Belle miniature.

26 — Cinq miniatures : portraits d'homme, de femme et de jeune garçon.

TABLEAUX.

Des Écoles italienne, flamande, hollandaise, française et anglaise.

École italienne.

27 — ALBANE. Baptême de saint Jean.

28 — CARLO DOLCI. Tête de Madeleine. Belle étude.

29 — CORRÈGE (d'après le). La Madeleine dite la Liseuse. Tableau de la galerie de Dresde.

30 — DOMINIQUIN (école du). L'Enlèvement de Proserpine.

31 — GUASPRE POUSSIN. Paysage avec figure. Etudes de rochers et ruine. Deux tableaux.

32 — Paysage, genre du Guaspre Poussin.

33 — Paysage, études de rochers, genre de Salvator Rosa.

34 — LÉONARD DE VINCI (école de). Monna-Lisa, dite la Joconde. Bon tableau.

35 — LE MÊME (d'après). La Belle Féronnière.

36 — MICHEL-ANGE DE CARAVAGE. Le Baiser de Judas.

37 — MURILLO. Jeune homme paraissant chanter; il est coiffé d'un chapeau à large bord avec plume.

38 — PALMA VECCHIO. Sainte-Famille. Un ange offre des fruits à l'Enfant Jésus.

39 — PANNINI. Ruines romaines, dans un fort joli cadre sculpté époque Louis XVI.

40 — PEREDA. Un violon, un livre de musique, des fruits sur une table recouverte d'un tapis de Turquie admirablement peint. Tableau remarquable par son exécution.

41 — POLYDORE CALDARA. Sujets romains. Deux frises grisailles.

42 — PRIMATICE. Mars et Vénus.

43 — RIBERA. Etude d'une tête d'homme.

44 — TITIEN. Portrait d'un doge de Venise. Tableau d'un grand caractère.

45 — TINTORET. Saint Roch visitant les pestiférés. Esquisse.

46 — DU MÊME (école). Le Crucifiement. Grande composition.

47 — TIEPOLO. L'Olympe, esquisse pour un plafond.

48 — VÉLASQUEZ. Portrait d'homme.

49 — ECOLE ITALIENNE. Une Assomption.

50 — ECOLE LOMBARDE. Sainte Agnèse vue à mi-corps.

51 — ECOLE ITALIENNE. Deux têtes d'étude.

52 — La Charité, étude attribuée à Louis Carrache.

53 — Christ mort, d'après Paul Véronèse; Ecce Homo, d'après le Cigoli.

54 — Pic de la Mirandole, d'après Pordenon.

55 — Christ à la colonne, d'après Zucchero.

56 — ECOLE VÉNITIENNE. Les Chanteurs. Plusieurs figures vues jusqu'au genou.

57 — MÊME ECOLE. Tête d'homme avec chaîne.

58 — Sainte-Famille, d'après Paul Véronèse.

59 — ECOLE ESPAGNOLE. Saint Paul et Sainte Rose.

60 — Tête d'homme.

Écoles allemande, flamande, hollandaise et anglaise.

61 — BAUR. Les Ivrognes.

62 — BREEMBERG. Paysage avec rochers et cours d'eau.

63 — Petit paysage, genre de Breemberg.

64 — BOTH (Jean). Etude de paysage avec chute d'eau.

65 — A. BLOCK, 1574. Grisaille peinte sur papier.

66 — Cuyp (Albert, attribué à). Vaches au pâturage.

67 — Cuyp (Albert, attribué à). Intérieur d'écurie.

68 — De Heem. Des raisins, des pêches et citron sur une table.

69 — Franck. Figures et vases d'Orfévrerie.

70 — Gonzalès Coques. Femme assise tenant un citron.

71 — Du même. Un homme assis.

72 — Jordaens. Mercure chez le paysan.

73 — Lambrecht. Intérieur flamand.

74 — Maes. Portrait d'Isabella Van der Heyden.

75 — Du même. Portrait de femme.

76 — Metzu (Etude d'après). Une femme tenant un verre.

77 — Miel (Jean). La femme adultère.

78 — Netscher (école de). Tête de femme.

79 — Peters. Vaisseau battu par la tempête.

80 — Ecole de Rembrandt. Jésus et la Samaritaine.

81 — Du même (école). Adoration des bergers.

82 — Le même (d'après). L'Ange et la famille Tobie. Esquisse.

83 — Le même (d'après). La Ronde de nuit. Tableau capital du Musée d'Amsterdam.

84 — Romboust. Paysage hollandais. Une rivière avec embarcations.

85 — Rubens. Femme allaitant un enfant. Esquisse attribué à ce maître.

86 — RUBENS (d'après). La Naissance de la reine,
l'Enlèvement de la Vérité (suite de la vie
de Marie de Médicis. Deux tableaux.

87 — TERBURG (école de). Etude de femme avec
robe de satin.

88 — TÉNIERS et VAN ARTOIS. Entrée de Ferdi-
nand d'Autriche dans la ville d'Anvers.
Le paysage par Van Artois.

89 — TÉNIERS (école de). Petite esquisse : intérieur d'étable.

90 — Paysage avec animaux.

91 — VAN DER MEULEN. Combat de cavalerie. Petite esquisse sur bois.

92 — VAN DYCK. Tête d'homme vue de profil.
Esquisse.

93 — VAN DYCK (signé). Etude d'une tête de
vieillard à barbe blanche. Tableau sur
bois.

94 — VAN DYCK. Portrait d'homme à mi-corps en-
veloppé d'un manteau. Etude d'un beau
caractère.

95 — VAN DYCK (école de). Etude du cheval de
Charles-Quint, de la galerie de Florence.

96 — VAN DYCK (attribué à). Portrait d'homme.
Grisaille.

97 — VAN DYCK (d'après). Portrait du cardinal
Bentivoglio. Etude faite d'après le tableau de la galerie de Florence.

98 — VAN DICK (d'après). Son portrait.

99 — VAN DER HAGEN. Paysage, entrée de forêt.

100 — WIITTE (Emmanuel de). Intérieur d'église.

101 — ECOLE ALLEMANDE. Deux petits paysages avec figures. Sur cuivre.

102 — ECOLE FLAMANDE. Tête de femme.

103 — Tête d'homme, d'après Van der Heltz.

104 — Ebauche moderne d'après un tableau de Zorg, du Musée du Louvre.

105 — REYNOLDS. Tête d'une jeune fille. Jolie esquisse.

106 — REYNOLDS (attribué à). Portrait d'homme les cheveux poudrés.

107 — BIGG, artiste anglais de l'école de Reynolds. Une jeune femme à mi-corps. Ovale.

108 — Dame du Lac, d'après Westal. Esquisse.

109 — ECOLE HOLLANDAISE. Portrait d'homme, attribué à Al. Cuyp.

École française, du XVIIe au XIXe siècles.

110 — BAPTISTE. Bouquet de fleurs.

111 — BOILLY. Etude de deux jeunes enfants.

112 — CASANOVA. Combats de cavalerie. Deux tableaux. Esquisses.

113 — CHARDIN. Une jeune femme, assise près d'une table, écrit la dépense de son ménage. Esquisse.

114 — DU MÊME. Une servante, debout près d'une table, coupe du pain. Esquisse.

115 — CHARDIN (signé). Deux grands tableaux de nature morte. Forme ovale.

116 — CHARDIN. Portrait d'un sculpteur. Tableau très fin d'exécution.

117 — CHAVANNE. Paysage.

118 — DAVID. Etude de la tête de l'abbé Grégoire pour le serment du Jeu de Paume.

119 — DAVID (école de). Portrait de Prieur de la Marne, conventionnel.

120 — ECOLE DE DAVID. Etude du cheval de Bonaparte au Mont Saint-Bernard. — Autre étude de cheval avec selle.

121 — LA MÊME. Etude de jeune garçon.

122 — LA MÊME. Sujet de la fable. Esquisse.

123 — DESPORTES. Etude de chardon et un nid d'oiseaux.

124 — DROLING. Jeune garçon. Ebauche.

125 — GREUZE. Tête de jeune fille. Esquisse sur bois.

126 — DU MÊME. Jeune femme à mi-corps, le regard de face, vêtue d'une mante de soie noire.

127 — DU MÊME. Jeune fille tenant une boîte. Esquisse.

128 — GREUZE (Mlle). Portrait de Greuze, un crayon à la main, peint par mademoiselle Anna Greuze, en 1805, pour M. Chabaud-Latour.

129 — GÉRICAULT. Tête de cheval d'après Gros.

130 — GÉRICAULT (attribué à). Etude de lion d'après Rubens. Etude de lionnes, attribuée au même. Deux tableaux.

131 — GÉRARD (d'après). Portrait de femme à turban.

132 — GUÉRIN (d'après). L'offrande à Esculape.

133 — Mme LEBRUN (d'après). La jeune mère.

134 — LARGILLIÈRE. Etude pour un des tableaux qui étaient à l'Hôtel-de-Ville de Paris.

135 — DU MÊME. Jeune femme assise prenant des fleurs d'un vase placé près d'elle.

136 — LAFOSSE. Sujet mystique. Esquisse.

137 — LIGIER, Monuments de Rome et le Colysée.

138 — MÉRIMÉE. Femme couchée dans un paysage. Petit tableau sur bois du cabinet de Saint.

139 — FRANCISQUE MILLET (genre de). Paysage avec épisode de Jésus et les pèlerins d'Emaüs.

140 — PRUD'HON. Assomption de la Vierge, charmante petite esquisse et première pensée du tableau du Musée du Louvre.

141 — DU MÊME. Étude peinte de l'impératrice Joséphine vue à mi-corps.

142 — PRUD'HON (attribué à). Portrait d'une jeune femme.

143 — POUSSIN (Nicolas). Très belle étude faite d'après la communion de saint Jérôme, du Dominiquin.

144 — ECOLE DU POUSSIN. Saint François prêchant devant un nombreux auditoire.

145 — MÊME ÉCOLE. Le Nil.

146 — Testament d'Eudamidas. Esquisse d'après N. Poussin.

147 — ROBERT LEFÈVRE. Napoléon en costume du sacre.

148 — ROBERT. Paysage. Esquisse.

149 — Paysage avec pont et château-fort. Genre
de Robert.

150 — Rigaud (Hyacinthe). Etude de fleurs. Signé
et daté 1720.

151 — Tocqué. Portrait à mi-corps de Mlle d'Anger-
ville. Elle tient un masque. Tableau fin
d'exécution.

152 — Vanspaendonck (Gérard). Bouquet de fleurs
dans une caraffe, placé sur une table en
pierre.

153 — Vanspaendonck (Corneille). Une fleur dite
impériale.

154 — Valentin (Moïse). Saint Sébastien. Deux
figures vue jusqu'aux genoux. Le coloris
de ce tableau rappelle celui du Caravage.

155 — Vallayer Coste (Mme). Groupes de fleurs et
de fruits. Deux tableaux ovales.

156 — Watteau (Ecole de). Deux femmes et un
Gille jouant de la guitare.

157 — Même Ecole. La danse.

158 — Ecole française. Assomption de la Vierge.
Esquisse.

159 — Une adoration. Esquisse.

160 — Portrait de femme du XVIIIe siècle.

161 — Un paysage au clair de lune.

162 — Un paysage rond. Genre de Louis Moreau.

163 — Etude pour le déluge.

164 — Quatre esquisses. Portraits par Pagnès, etc.

165 — Portrait d'homme cuirassé, époque de
Louis XIV.

166 — Le général Dumouriez à la bataille de
    Valmy. Etude d'après M. Horace Vernet.
167 — Un café turc. Ecole de *M. Decamps.*

ESQUISSES, ÉBAUCHES

Par divers maîtres anciens et modernes.

168 — Deux cent vingt études de paysages peintes
    sur papier. Esquisses et ébauches par des
    artistes modernes, de ce nombre plusieurs
    par Borget, Bourgeois, Demarne, etc., etc.
    Cet article sera divisé.

169 — Cent vingt-sept études de marine, de figures
    et d'animaux. Esquisses et ébauches sur
    papier, plusieurs par et d'après Robert,
    Largillière, Latour, Watteau, Vander
    Menlen, etc., etc.
    Cet article sera divisé.

170 — Treize études peintes, de fleurs, plantes,
    plusieurs par Baptiste Monnoyer.

171 — Treize études peintes de fleurs.

172 — Dix intérieurs, par Bouton, Deveria et au-
    tres artistes.

173 — Sept esquisses peintes par des maîtres du
    xviiie siècle.

174 — Douze esquisses par et d'après des maîtres
    anciens, N. Poussin, Huysmans de Ma-
    lines, Casanove, Chavannes, etc.

175 — Huit esquisses peintes par des artistes mo-
    dernes, d'après Watteau, Vanloo, Casa-
    nove, Chardin, Boucher, etc.

176 — Neuf esquisses peintes par des artistes modernes, d'après Van-Dick, Rubens, Terburg, etc.

177 — Vingt-huit esquisses peintes. Paysages par
Pau de Saint-Martin, Chauvin, Joli-
vard, etc.

178 — Cinq études de têtes. Ecole de Rubens, école
espagnole.

179 — Cinq esquisses d'après Laurence.

180 — Sept esquisses. Portraits de femmes.

181 — Six esquisses d'après des maîtres italiens.

182 — Vingt études peintes sur bois et sur toiles,
par divers maîtres français.

183 — Trente études de paysages sur papier.

184 — Deux petits portraits finement peints. Personnages du XVIIᵉ siècle.

185 — Tête d'homme et tête de femme,

186 — Femmes italiennes. Deux études.

187 — Etude de lion couché.

188 — Un tableau représentant des ustensiles de
cuisine et un chat.

189 — ECOLE FRANÇAISE. Paysage et vues d'Italie,
Cinq études esquisses.

190 — La Cène.

191 — Femme couchée. Forme ovale.

192 — ECOLE FRANÇAISE DU XVIIIᵉ SIÈCLE. Paysage.
Au premier plan des laveuses.

193 — Sujet inconnu.

194 — Portrait d'un peintre.

195 — Une apparition.

196 — Deux esquisses. Tête et petit sujet.

197 — Cinq têtes d'études. Ecole de David par Pagnès et autres.

MINIATURES.

198 — **Fragonard** (Honoré). Tête de jeune enfant. Miniature.
199 — Trois miniatures. Une sur toile.
200 — Miniatures de femmes du xviii° siècle. Deux pendants.

École française.

DESSINS ANCIENS D'ARTISTES DES XVII° ET XVIII° SIÈCLES.

201 — **Lagneau**. Têtes d'hommes. Dix dessins à plusieurs crayons.
202 — **Courtois, dit le Bourguignon**. Une bataille de cavalerie. Beau dessin à la sépia, du cabinet Denon.
203 — **Caresme**. Bacchanale et marche de Silène, d'après Rubens. Deux dessins coloriés.
204 — **Hutin**, 1767. Trois portraits d'après Van-Dyck et Rembrandt. Dessins très terminés à plusieurs crayons.
205 — **Watteau**. Le joueur de guitare. Dessin à plusieurs crayons, il vient de la vente Denon, n. 822.
206 — **Patel**. Paysage ovale à la gouache.
207 — **Lavallée Poussin**. Un dessin au bistre.

208 — Tête de Greuze. Dessin à la sanguine.

209 — Fleurs et fruits. Deux dessins par Portail.

210 — Cinquante-trois dessins par Nicolas Poussin, Lebrun, Houel, Le Prince, Moreau, Vanspaendonck et autres maîtres français.

Cet article sera divisé.

211 — Cent onze dessins par des maîtres du XVIIIe siècle, Natoire, Desportes, Coypel, Lépicié, Fragonard, Robert, etc., etc.

Cet article sera divisé.

212 — Vingt-neuf dessins au crayon, à la sanguine. et coloriés, par Delahyre, Subleyras, Largillière, Robert, etc., etc.

Cet article sera divisé.

213 — Vingt et un dessins au crayon, à la plume et à la sépia, par Boucher, Fragonard, Robert, Houel, Le Bel, etc.

214 — Deux cent cinquante dessins, sujets, paysages, vues de Rome, ornements, etc., par Boucher, Fragonard, Robert, Desportes, Oudry, Subleyras, de Vailly, etc.

Cet article sera divisé.

DESSINS ET CROQUIS

par des Artistes Français, aux XVIIIe et XIXe siècles.

215 — DAVID. Portrait équestre du prince Stanislas Potowski.

216 — DU MÊME. Deux têtes. Dessins à la plume et
au crayon.

217 — DU MÊME. Guerriers grecs. Dessin au crayon
et à l'estompe.

218 — GIRODET. Portrait de l'abbé Delille à son
lit de mort. Dessin au crayon et à l'estompe.

219 — GRANET. Intérieur d'une cuisine d'un cou-
vent de religieuses. Beau dessin lavé vi-
goureusement au bistre. Signé *Granet, à
Rome.*

220 — FRAGONARD. Les chiens savants. Dessin au
crayon.

221 — HUBERT. Paysage. Etude d'arbre à la sépia.

222 — JACOB. Divers dessins de personnages con-
temporains.

223 — MEYNIER. Mort d'Agamemnon. Un dessin à
la plume et lavé.

224 — MORETH. Deux paysages à la gouache.

225 — MICHALOWSKI. Postillon. Aquarelle. Signé
P. M.

226 — ANTONIN LE MOINE. Deux paysages au pastel.

227 — REDOUTÉ. Deux tulipes. Aquarelle.

228 — GUÉRIN (Jean). Le général Championnet.
Dessin à l'estompe.

228 bis — PRUD'HON. Étnde de paysage prise dans
les bois de Verrière. Dessin à plusieurs
crayons.

229 — THIENON. Site d'Italie. Une aquarelle.

230 — DU MÊME. Un paysage. Dessin très terminé
au crayon.

231 — Seize études au crayon et au lavis, par
Boilly.

232 — Soixante-trois dessins au crayon, à la san-
guine, plusieurs par Greuze, Wille,
Àngo, Fragonard, Drolling, et un por-
trait de Girodet dans son atelier, par
Dejuine.
Cet article sera divisé.

233 — Soixante-six dessins très terminés, croquis
et compositions et statues d'après l'antique, par Duvivier.

234 — Trente-sept études de paysages et marines,
par Perrot, Constantin, Thiénon, Bertin,
Bourgeois, etc.

235 — Dix dessins à la sépia, à l'aquarelle et à
l'encre de Chine, par Arnoult, Diaz,
Joly, Siméon Fort, Wattier et d'après
Prud'hon.
Cet article sera divisé.

236 — Cent un dessins à la sépia, à l'aquarelle;
croquis à la plume, au crayon, par An-
drieux, Michallon, Morel, A. Perrussin,
Perlet, Wattier, etc., etc.
Cet article sera divisé.

237 — Cent cinquante-trois aquarelles, sépias, cro-
quis de paysages, de fleurs, par Appiani,
Duperreux, Bellangé, Flandrin, Goblain,
Leclerc, Hubert, Michallon, Robert, Tir-
penne, Thiénon, Vanspaendonck, etc., etc.
Cet article sera divisé.

238 — Cent cinquante-six dessins, études et croquis de paysages, de figures à la sépia et
à l'aquarelle, par Colin, Duringer, Bourgeois, Goblain, Godefroy, Fielding, Moreau, Joly, Rémond, Sweback, Robert,
Wattier, etc., etc.
Cet article sera divisé.

239 — Deux cents dessins au crayon, à la plume,
au lavis, au bistre et à l'encre, par et
d'après David, Hennequin, Fabre, Le-
thière, Mandevare, Girodet, Géricault,
Charlet, Pagnès, Bouchardy, Janron, etc.
Cet article formera 10 lots.

240 — Cinq cent soixante croquis au crayon et
dessins au lavis, au bistre et à l'encre ;
études de figures, de paysages, de plantes,
d'arbres, d'ornements, costumes, etc.,
par Bourgeois, Dunouy, Greenwich,
Huet, Mallet, Nicolle, Thiénon, etc. etc.
Cet article sera divisé.

241 — Un livre de croquis, par Hubert Robert.

242 — Un volume de calques d'après des tableaux,
statues, gravures. dessins, dont vie de
saint Jean, d'André del Sarte; costumes
de divers pays, du Moyen-Age et de la
Renaissance.
Cet article sera divisé.

243 — Deux portefeuilles contenant des études,
têtes, académies, d'après la bosse et le
modèle, et d'après Michel-Ange, plusieurs
attribués à Prud'hon. 3 lots.

244 — Onze épreuves d'essais photographiques par
      M. Bayard.

DESSINS ANCIENS

Par des maîtres des Écoles italienne, flamande et hollandaise.

245 — RUBENS. Épisode d'une peste. Dessin à la
      plume et au crayon. Du cabinet Ma-
      riette.
246 — LINGELBACK. Deux dessins lavés à l'encre de
      Chine.
247 — Pastel de la mère de Rembrandt.
248 — Saint Jean, par Guerchin; une Sainte
      Femme, par Vanni. Deux dessins au
      crayon rouge et noir.
249 — Deux cadres contenant plusieurs dessins :
      le Mariage de la Vierge, André del Sarto,
      sanguine, et une grisaille : Sainte-Fa-
      mille, du Pesarèse.
250 — Quatre-vingt-neuf dessins, par et d'après
      les Carrache, Cigoli, Cambasio, Vanni,
      Palmérius, etc.
      Cet article sera divisé.
251 — Trente-six dessins par Cigoli, Cavedone,
      Pocetti, Jules Romain, etc.
252 — Trois dessins dans un cadre, par Baroche,
      Cantarini, Pezaro.
253 — Cinquante-cinq dessins anciens par et d'a-
      près les Carrache, Dominiquin, Beca-

funi, Guerchin, Cangiago, Josepin, Guardi, Palmérius, Vanni, Vasari. Plusieurs de ces dessins proviennent de la collection Denon.
Cet article sera divisé.

254 — Un cadre avec deux dessins : Une grisaille, par Ligozzi, et une sanguine.

255 — Trois cents dessins de divers maîtres de toutes les Ecoles, croquis, études, etc., plusieurs par Tiepolo, Guardi. etc., etc.
Cet article sera divisé.

ESTAMPES

Par et d'après des maîtres italiens.

256 — Cinq des cartons de Raphaël, par Dorigny. Deux sont encadrés.

257 — Descente de croix, Daniel de Voltère, par Dorigny.

258 — Vierge à la chaise, par Cecchi.

259 — Cent vingt-quatre estampes au burin et à l'eau-forte, par et d'après Titien, Paul Véronèse, les Carrache, le Guide, etc.

260 — Cent trente-sept estampes d'après des maîtres de l'Ecole d'Italie, dont les angles de la chapelle Sixtine, d'après Michel-Ange, par G. Mantuan, pièces par Bartoli.

261 — GOYA. Le nain de Philippe IV, d'après Vélasquez. Deux estampes.

262 — Trente-cinq pièces gravées à l'eau-forte par Tiépolo.

263 — Etudes de soldats gravées à l'eau-forte par Salvator Rosa, etc. 70 pièces.

264 — Cent quarante estampes d'après des maîtres de l'École d'Italie.

265 — Estampes diverses, dont le Jugement dernier de Michel-Ange.

266 — LÉONARD GAUTHIER. Le Jugement dernier. Epreuve avant l'adresse de Mariette.

267 — Théologie et poésie, par Morghen; la princesse Borghèse, d'après Canova.

Écoles allemande, flamande et hollandaise.

268 — REMBRANDT. Mardochée, à l'eau-forte. Belle épreuve.

269 — Belle épreuve d'un beau portrait de Silvius gravé à l'eau-forte par Rembrandt.

270 — Vénus au bain, gravée à l'eau-forte par Rembrandt. Belle épreuve.

271 — Vingt-et-une pièces gravées à l'eau-forte par Rembrandt, Ostade, etc.

272 — Cent pièces environ gravées à l'eau-forte par et d'après Rembrandt.

273 — Trente-deux pièces à l'eau-forte par de Frey et autres artistes hollandais et allemands, d'après Rembrandt.

274 — Trois pièces d'après Rembrandt, par Frey et Schmidt, de Berlin.

275 — Ronde de nuit, Bénédiction de Jacob, d'a-
près Rembrandt, par Claessens. Deux
pièces.

276 — La mère de Rembrandt, d'après ce maître,
par Watson. Tableau du Musée de Saint-
Pétersbourg.

277 — SCHMIDT DE BERLIN. Portrait de Mignard.
Belle épreuve avant un trait dans la
marge du bas.

278 — Présentation au temple, la Résurrection de
la fille de Jaïre. Deux pièces d'après
Rembrandt et Diétricy, par Schmidt de
Berlin.

279 — La Passion, suite de 12 pièces par Golt-
zius.

280 — Portrait de Gellius Bouma, par Wisscher.
Belle épreuve avec l'année 1636.

281 — Quarante-neuf paysages à l'eau-forte par
Waterloo, Gessner, Kolbe, Everdingen et
autres artistes flamands et hollandais.

282 — Le Jardin d'amour, d'après Rubens.

283 — Chasse au loup, d'après Rubens, par Sout-
man. Très belle épreuve.

284 — Le comte d'Arundel, le président Richar-
dot, le Chapeau de paille, etc. Quatre
pièces d'après Rubens et Van Dyck, par
Scharp et Claessens.

285 — Portrait de Rubens, par Pontius, et divers
autres portraits d'après ce maître par des
graveurs flamands.

286 — Soixante-sept portraits d'après Van Dyck,
faisant partie de l'Iconographie de ce
maitre.

287 — Cent quatre-vingt-trois estampes à l'eau-
forte, paysages et animaux, par Both,
Berghem, Dujardin, Stoop, Swanevelt,
Weirotter, etc.

288 — Cent cinquante pièces, paysages, animaux,
marines, à l'eau-forte et au burin, par et
d'après Berghem, Téniers, Wouwer-
mauss, Backuysen, etc., etc.

École française, XVIIe et XVIIIe siècles.

289 — La Vie de Jésus, l'Enfant prodigue, le Siége
de Breda, etc. 3? pièces par Callot et Leclerc et d'après eux.

290 — Quinze pièces, costumes et scènes de mœurs
sous Louis XIII, par Abraham Bosse.

291 — Trente estampes par Mellan et autres.

292 — Les sept Sacrements, d'après le Poussin,
par B. et Jean Audran. Quatre dans un
seul cadre.

293 — Esther devant Assuérus, d'après N. Poussin.

294 — Cinq pièces d'après N. Poussin, par Pesne.

295 — Dix-huit pièces d'après Lesueur.

296 — Cinquante pièces gravées d'après Ant.
Watteau, plusieurs fort rares, dont l'en-
seigne de Joullain.

297 — OEuvre de Norblin gravée à l'eau-forte à l'imitation de Rembrandt. 76 pièces dans un portefeuille, anciennes épreuves.

298 — Les lions, d'après Kadal, par Denon.

299 — Tempête et baigneuse, d'après Joseph Vernet, par Balechou, et vue d'Avignon.

300 — Onze pièces d'après Greuze.

301 — Cinq cent cinquante pièces environ par des graveurs français, à l'eau-forte et au burin, par et d'après des peintres français, tels que Claude Lorrain, Callot, Baptiste, Leclerc, Perelle, Gillot, Parrocel, Saint-Non, Fragonard, Vien, Dagoty, etc.
Cet article formera dix lots.

École française, XIXe siècle.

302 — Bélisaire, d'après David, par Morel.

303 — Portrait de David, par Potrelle, et diverses pièces d'après ce maître et d'après Gros.

301 — Charles-Quint et François Ier au tombeau de Saint-Denis, d'après Gros, par M. Forster.

305 — Bonaparte à Arcole, d'après Gros, par Longhi.

306 — Ossian et mademoiselle Mars, d'après Gérard, par Godefroy et Lignon.

307 — Louis XVIII dans son cabinet, d'après Gérard, par Girard. Epreuve avant la lettre.

308 — Suite de gravures pour la Lusiade du Camoëns, d'après Gérard, par divers gra-

veurs. Epreuve avant la lettre, papier
de Chine. Treize pièces, une n'est qu'à
l'eau-forte.

309 — Aux mânes de Prud'hon, et une Vierge d'a-
près ce maître, et diverses autres pièces
d'après Prud'hon et Mlle Mayer.

310 — Richelieu et Mazarin, d'après M. Delaroche,
par M. Girard. Epreuve d'artiste avant la
lettre, papier de Chine, avec la signa-
ture du graveur.

311 — Gustave Vasa, d'après M. Hersent, par
M. Henriquel Dupont.

312 — DESNOYERS (M.). Le roi de Rome. Epreuve,
lettre grise.

313 — Six pièces, M. de Pastoret, et pièces de la
galerie Aguado, eau-forte, par Blery.

314 — Paysages, d'après Aligny, par M. Ranson-
nette; divers portraits, d'après M. Ingres,
dont ceux de M. et Mme Gatteaux.

École anglaise.

315 — Cent quatre-vingt-huit vignettes pour
divers ouvrages, d'après les dessins de
Tony Johannot, et aussi d'après des tableaux anciens et modernes.

316 — REYNOLDS (d'après sir Josué). Sainte-Famille
et divers portraits de personnages anglais,
dont Fox, Payne, Hunter, M. Siddon,
le duc d'Orléans et le portrait de Rey-

nolds. Vingt-quatre estampes, de ce nombre plusieurs d'après Pierre Lelly et Kneller.

Ce article sera divisé.

317 — LAURENCE (d'après sir Thomas). Pie VII, Canning, Lambton, Wellesley, Al. Hope, George IV, Nature, W. Curtis, lady Gower, neuf estampes gravées par Scharp, Cousins Doo, et autres graveurs anglais.

Cet article sera divisé.

318 — LANDSEER (Edwin). *The death of a stag glen tilt*, gravé par *Bromley*.

319 — *The Rent day*. Le Jour des rentes, d'après Wilkie, par Raimback. Epreuve, lettre grise.

319 bis — *Villageois politicians*. Les Politiques de village, d'après D. Wilkie, par Raimback.

320 — Pélerinage à Canterbury, d'après Stothard, par Schiavonetti.

321 — La Dime à l'abbaye de Bolton, d'après Landseer, par Cousins.

322 — La campagne de Cicéron et la Solitude, d'après Wilson, par Woolett. Deux estampes, belles épreuves.

323 — Paysages, d'après Guaspre, Zuccharelli et par Vivarès. Trois estampes.

324 — Benjamin West, peintre anglais, d'après Newton, par Heath. Epreuve, papier de Chine.

325 — Benjamin West, d'après Harlow, par
     Fittler.

326 — Walter Scott dans son cabinet, d'après W.
     Allan, par Burnet.

327 — L'Assomption de la Vierge, d'après le Titien,
     à l'eau-forte, par Hayter.

328 — Jugement de la reine Catherine, femme de
     Henri VIII, d'après Harlow, par Clint.

329 — Quatre-vingt-douze estampes, gravées par
     R. Earlom, d'après les dessins du Livre de
     Vérité, par Claude le Lorrain.

330 — Les Sorcières de Macbeth, d'après Fu-
     suelli, par Smith. — Lions et Sanglier,
     par Earlom.

331 — Trois pièces, d'après Guerchin et Carlo
     Dolci, par Bartolozzi. The Proposal, par
     Meyer, scène de Henri VIII, d'après
     Westal.

332 — Famille de George II. Estampe anglaise co-
     loriée.

333 — Figures pour l'histoire d'Angleterre, de
     Hume. Cent quatre-vingt-seize pièces
     gravées au burin. 1 vol. in-fol.

334 — Drawing Room, Scrap-Book, by Fischer's.
     1835, in-4.

335 — *Gem of Beauty* (le Livre de Beauté). Vingt-
     quatre sujets espagnols, par divers ar-
     tistes anglais. *Londres*, 1639, rel. en
     percaline.

336 — *Finden's Tableau*, ou Scène pittoresque,
     costume et beauté du caractère national,

peint par divers artistes anglais. *London*, 1838, in-4. rel. en percaline.

337 — Keepsake pour 1836. In-8. relié en moire. Dix-neuf jolies vignettes.

338 — Suite de vingt-quatre vignettes pour les Aventures de Gilblas, d'après les dessins de Smirke, par divers graveurs anglais. Jolie suite, épreuves sur papier de Chine.

339 — Vignettes anglaises détachées de divers ouvrages, d'après les dessins de Westall, Smirke, Corbould, etc. Vues diverses d'Angleterre, marines, tableaux de la *National Gallery*, sujets pour les œuvres de Walter Scott, les Mille et Une Nuits, Keepsakes et autres annuaires, etc. Cinq cents pièces environ qui formeront neuf lots.

PORTRAITS.

340 — Auguste III, roi de Pologne, par Balechou, d'après Rigaud. Belle épreuve.

341 — Divers portraits, par Morin, Nanteuil, etc.

342 — Bossuet, par Drevet, et portraits, par Edelinck et Nanteuil.

343 — Soixante-cinq portraits divers, d'après Rigaud, Largillière et autres maîtres français. Portraits d'artistes au xixᵉ siècle. Cet article sera divisé.

344 — Quarante-trois portraits; Napoléon, d'après
Gros; personnages anglais; et portraits,
d'après Rembrandt et antres maîtres,
gravés au burin et à la manière noire.

LITHOGRAPHIES.

315 — La Famille malheureuse, lithographie par
Prud'hon.
346 — Onze lithographies diverses, d'après Pru-
d'hon et Girodet; galerie de Munich, etc.
347 — Douze pièces, d'après David, par Debret;
douze croquis lithographies, et les bardes
français, seize pièces, d'après Girodet.
348 — Vues d'Italie de Remond; voyage au fleuve
Hudson, par Milbert; vues d'Italie, de
Coigniet; vues de France, études diverses.
349 — Trente-deux pièces, par et d'après Géricault et autres maîtres au XIXe siècle.
350 — Soixante-dix-neuf lithographies, par Bonnington, Decamp, Horace Vernet, Charlet, Roqueplan, etc.
351 — Vues de France, d'Écosse, paysages divers
gravés à l'eau-forte, et lithographiés par
Bonnington, Harding, Marvis, Jacques.
Soixante-dix-sept pièces.
Cet article sera divisé.
352 — Cinquante - neuf pièces. Intérieurs, par
Prout et autres, lithographies et gravures.

353 — Paysages et vues architecturales, vingt-sept pièces, par Bonnington et Samuel Prout. Vues du Voyage romantique en France, par Taylor, quatre-vingt-douze pièces.

354 - Quarante-nenf pièces, portrait et sujets, lithographiés par Jacob, et formant l'œuvre de cet artiste.

355 — Contes de La Fontaine, dix pièces lithographiées par M. Hersent. Suite rare.

356 — MM. de Villèle, Cardonnel, baron Doguereau, général Meynadier, etc., portraits lithographiés d'après les tableaux de M. Roaillard.

357 — Portraits d'hommes et de femmes célèbres lithographiées, soixante-six pièces.

358 — Trois cents pièces détachées du journal l'*Artiste*.

359 — Deux cent quatre-vingts pièces lithographiées par Géricault, Gros, Horace Vernet, Brasscassat, Cooper, Charlet, Clerget, Harding, Henri Monnier, Isabey, etc. Sept lots.

360 — Anatomie élémentaire, par Bourgery et Jacob, vingt grandes planches coloriées.

RECUEILS DE GRAVURES, GALERIES, CABINETS, ŒUVRES DE MAITRES ET LIVRES SUR LES ARTS.

361 — Le grand cabinet des tableaux de l'archiduc Léopold, dessiné par Téniers et gravé

sous sa direction. *Amsterdam*, 1755, in-fol., v. fauve, fil.

Recueil curieux composé de deux cent quarante-sept pièces, en grande partie d'après des maîtres de l'Ecole vénitienne.

362 — Recueil de cent vingt estampes, d'après les tableaux qui composaient le cabinet de M. le duc de Choiseul. *Paris, Basan,* in-4., v.

363 — Recueil de cent vingt estampes, d'après les tableaux qui composaient le cabinet de M. Poulain. *Paris, Basan,* in-4., v.

364 — Collection de gravures à l'eau-forte, d'après les tableaux de la galerie du Louvre. *Paris, Didot,* 1805, in-fol.

365 — *Schola italica...* par Hamilton. *Rome,* 1773, Quarante estampes d'après les tableaux de l'Ecole italienne. In-fol., d.-rel.

366 — Les célèbres fresques du Guaspre à l'église de *St-Martins u Monte in Roma,* par Parboni. In-fol.

367 — Peinture à fresque des principaux maîtres de Venise, par Zanetti. *Venise,* 1760, 24 pl., en tête le portrait de Zanetti.

368 — Recueil de soixante-dix estampes à l'imitation des dessins anciens, par Pont et Knapton, publié par Boydell. In-fol.

369 — Fac-simile de dessins anciens de toutes les Écoles, tirés des ouvrages de Mulinari, C. de Metz, Ploos van Amstel, Denón, Bartsch, etc.

370 — Les Loges de Raphaël, par Chaperon. Belles épreuves avant les adresses de Mariette. Plus trois eaux-fortes de Michel Corneille. In-fol., reliure du temps.

371 — Amours de Psyché et de Cupidon, d'après Raphaël, par Landon. *Paris*, 1809, pet. in-fol. cart.

372 — Les Vertus, compositions de Raphaël au Vatican, par Piroli. In-fol.

373 — Entrée de Sigismond dans Mantoue, frise de Jules Romain, gravé par Stella.

374 — Galerie britannique, ou gravures faites d'après les peintures des Écoles italienne, allemande, flamande et française qui sont en Angleterre, par Forster. *Londres*, 1814, in fol. de 52 pl.

375 — La Galerie électorale de Dusseldorff. *Basle; Chretien Michel*, 1778, 2 vol. in-fol. cart., 1 de planches, 1 de texte.

376 — Recueil de gravures, d'après les dessins du Guerchin, par Bartsch.

377 — Cent pensées de M. Gabianni, peintre florentin. *Rome*, 1786, en tête le portrait du peintre, 1 vol. in-fol., d.-rel.

378 — Peintures des frères Zuccaro, au palais Farnèse, gravées par Prenner, in-fol.

379 — Les Hommes illustres de la Galérie de Richelieu, par Vulson de la Colombière, in-folio.

380 — Trente-sept pièces, d'après les tableaux de la Galerie du Palais-Royal.

381 — Quarante-six pièces détachées du Musée
Napoléon, publié par Filhol.

382 — Anacréon, ou Recueil de compositions des-
sinées par Girodet et gravées par ses
élèves. *Paris*, 1825, 1 vol. gr. in-4, fig.
sur papier de Chine.

383 — Collection historique des portraits de Gérard, gravés à l'eau-forte, par P. Adam.
Canel, 1826, in-folio, épreuves d'artistes,
papier de Chine.

384 — Énéide, suite de compositions de Girodet,
lithographiée par ses élèves, treize livrai-
son in-folio.

385 — Les Beaux-Arts, ou Illustration des arts et
de la littérature, par Curmer, 1er vol.

386 — Les Impostures innocentes de Bernard
Picart, en tête son portrait, cinquante-
sept pièces, *fac simile* de dessin, in-fol.

387 — Un mois à Venise, par le comte de Forbin
et Dejuine, in-fol. pl. lith.

388 — Masques antiques, par Pietre Santi Bartoli,
in-4.

389 — Les Jardins de la France, par le comte
Alex. Delaborde, d'après les dessins de
Bourgeois, 1 vol. in-fol.

390 — Voyage pittoresque du Nord de l'Italie, par
Brun Neergard, in-fol.

391 — L'Art de peindre à l'aquarelle, par Smith,
1828, in-4, cart.

392 — Proportion du corps humain, par Gérard
Audran, in-fol.

393 — Théorie de la figure humaine, par Rubens. *Paris, Jombert*, 1773, in-4.

394 — L'Art du Dessin, par Jean Cousin, in-fol.

395 — Musée de sculpture, par le comte de Clarac, 2 vol. in-4 obl., et texte in-8. Le Louvre et les Tuileries.

396 — Application de la perspective linéaire aux arts du Dessin, par Thibault. *Paris*, 1822, gr. in-4, dem.-rel.

397 — Histoire des peintres de toutes les écoles, depuis la Renaissance jusqu'à nos jours, par Armengaud, 18 livraisons, figures en bois.

398 — Recueils d'objets d'antiquités et de curiosités, par Cogniet et Jolimont, vingt-cinq pièces.

399 — Les Métamorphoses de Melpomène et de Thalie, ou caractères des comédies française et italienne, in-8°.

400 — Costumes français, par Beaunier et Rattier, exemplaire de M. Lenoir, qui y a mis des notes. In-fol. dans un portefeuille.

401 — Sentiments des plus habiles peintres du temps sur la pratique de la peinture, recueillis et mis en précepte par Tortebat. *Paris*, 1660, in-fol.

402 — Traité de la peinture, par Montabert, 10 v. in-8 et atlas in-4, dem.-rel.

403 — Histoire de la peinture en Italie, par Lanzi, traduction française, 5 vol. in-8.

401 — Le Grand livre des Peintres, par Gérard
de Lairesse, 2 vol. in-4; Raphaël Mengs,
2 vol. in-4; Vies des Peintres, par Vasari; Vie de Raphaël, par Quatremère
de Quincy; Vie de Salvator Rosa; Histoire de Rubens, par Van Haffelt, 1840;
lettre du Poussin; OEuvres de Reynolds,
2 vol. in-8; les OEuvres posthumes de
Girodet; l'Art du Statuaire; Dictionnaire du dessin, Dictionnaire des artistes,
et autres livres sur les beaux-arts. Cet
article sera divisé.

405 — Environ trois cents volumes, sciences et
arts, histoire, voyages, belles-lettres, etc.
Les OEuvres de Buffon, édition Ver-
dières, 40 vol. in-8, dem.-rel.; les OEuvres de Chateaubriant,, etc., etc.
Cet article sera divisé.

OBJETS DIVERS GARNISSANT L'ATELIER.

406 — Deux terres non cuites, l'Étude et un fleuve.
Statuette d'enfant en biscuit.

407 — Deux terres cuites, personnages du temps
de Louis XV. Médaillons.

408 — Une aiguière en faïence, un vase en terre
de Palissi.

409 — Une coupe en émail chinois.

410 — Médaillons en bronze : Béranger, David, le
général Bertrand, Paganini, M. lngres,
les trois Grâces, etc. Cinq pièces.

411 — Petit cartel en marqueterie écaille et cuivre.

412 — Deux cornets et une bouteille en porcelaine de Chine.

413 — Paravant en laque de six feuilles.

414 — Une épée ancienne, cotte de maille, brassard, etc.

415 — Divers morceaux d'étoffes et soieries.

416 — Chevalets, boites à couleurs, pupître, palettes, pinceaux et ustensiles d'atelier.

417 — Porte-modèle, draperie, loupe, verre grossissant, bordures dorées.

418 — Une Chambre noire.

419 — Un mannequin de femme.

420 — Livres de croquis, albums, volume de papiers blanc, portefeuilles, etc.

421 — Une grande quantité de plâtre moulés sur l'antique, statuettes, médaillons, etc.

422 — Sous ce numéro tous les articles omis.

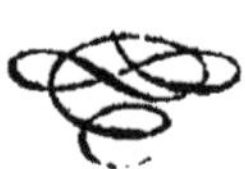

Imp. Maulde et Renou, r. Rivoli prolongée, 11,
7551   près la rue de l'Arbre-Sec.